Impressum
Verlag: BABADADA GmbH, Nedderfeld 112 , 22529 Hamburg
Geschäftsführer / Verlagsleitung: Harald Hof
Druck: Books on Demand GmbH, In de Tarpen 42, 22848 Norderstedt

Imprint
Publisher: BABADADA GmbH, Nedderfeld 112 , 22529 Hamburg, Germany
Managing Director / Publishing direction: Harald Hof
Print: Books on Demand GmbH, In de Tarpen 42, 22848 Norderstedt, Germany

AF189239

škola

مدرسه

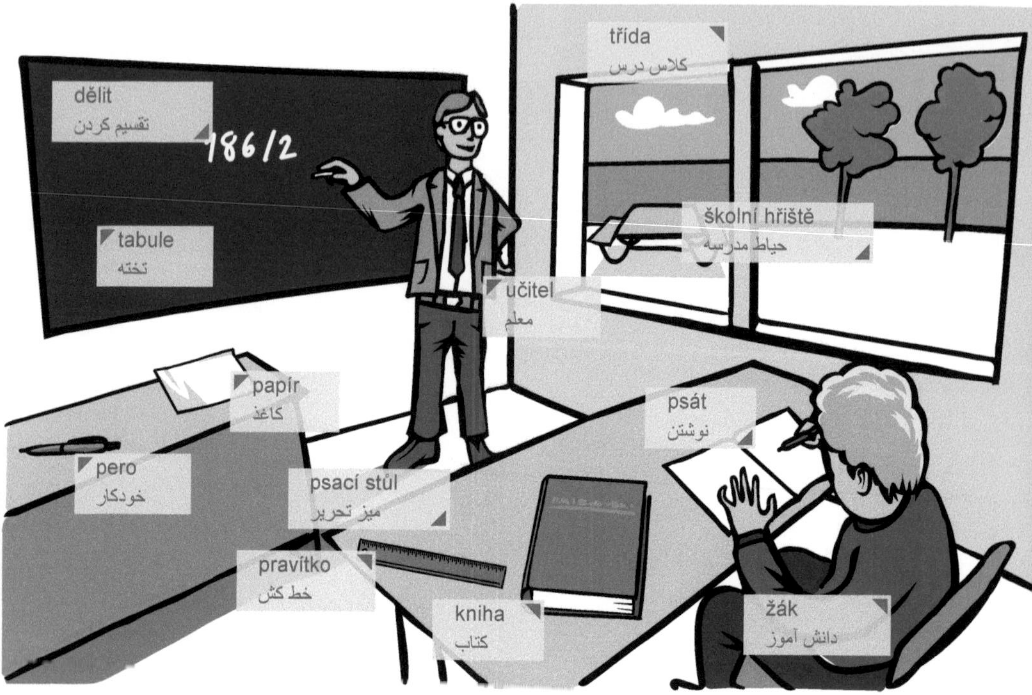

třída
کلاس درس
dělit
تقسیم کردن
186/2
tabule
تخته
školní hřiště
حیاط مدرسه
učitel
معلم
papír
کاغذ
psát
نوشتن
pero
خودکار
psací stůl
میز تحریر
pravítko
خط کش
kniha
کتاب
žák
دانش آموز

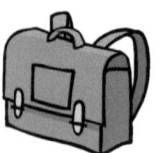

aktovka

کیف مدرسه

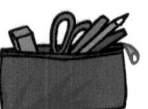

penál

جامدادی

tužka

مداد

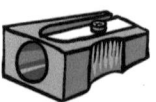

ořezávátko

تراش

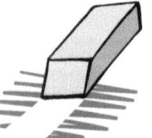

guma

پاک کن

blok na kreslení

دفتر رسم

výkres

طراحی

štětec

قلم مو

malířské potřeby

جعبه ى آبرنگ

nůžky

قیچی

lepidlo

چسب

cvičebnice

کتاب تمرین

domácí úkol

تکلیف خانه

12

počet

رقم

2+2

sčítat

جمع کردن

5-2

odčítat

تفریق کردن

2×2

násobit

ضرب کردن

počítat

محاسبه کردن

A

písmeno

حرف الفبا

ABCDEFG HIJKLMN OPQRSTU VWXYZ

abeceda

الفبا

hello

slovo

کلمه

text

متن

číst

خواندن

křída

گچ

hodina

درس

třídní kniha

ثبت نام

zkouška

امتحان

vysvědčení

مدرک رسمی

školní uniforma

لباس مدرسه

vzdělání

تحصیلات

encyklopedie

دانشنامه

univerzita

دانشگاه

mikroskop

میکروسکوپ

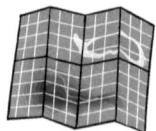

karta

نقشه

odpadkový koš na papír

سبد کاغذ باطله

cesta
سفر

hotel
هتل
Grand
ubytovna
مسافرخانه
ROOMS
CHANGE
směnárna
صرافی
kufr
چمدان
auto
اتومبیل

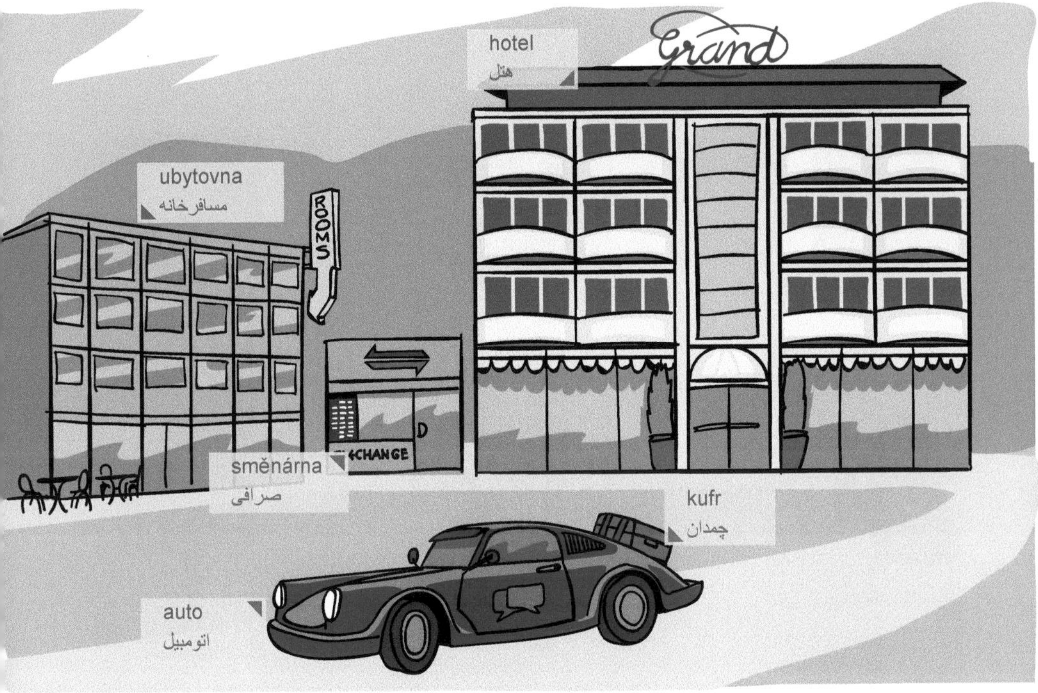

jazyk

زبان

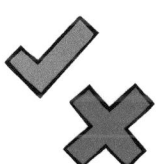

ano / ne

بله / خیر

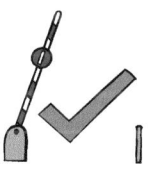

oukej

اُکی

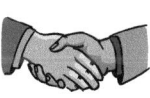

Ahoj!

سلام

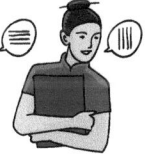

překladatel

مترجم

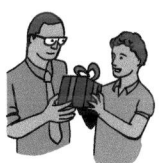

děkuji

ممنون

Kolik stojí...?

قیمت ... چه قدر است؟

nerozumím

من متوجه نمی شوم

problém

مشکل

Dobrý večer!

عصر بخیر! / شب بخیر!

Dobré ráno!

صبح بخیر!

Dobrou noc!

شب بخیر!

na shledanou

خدانگهدار

směr

جهت

zavazadlo

بار سفر

taška

کیف

batoh

کوله پشتی

host

مهمان

pokoj

اتاق

spací pytel

کیسه خواب

stan

خیمه

turistické informace

مرکز راهنمای گردشگران

pláž

ساحل

kreditní karta

کارت اعتباری

snídaně

صبحانه

oběd

نهار

večeře

شام

jízdenka

بلیط

výtah

آسانسور

poštovní známka

مهر

hranice

مرز

clo

گمرک

poselství

سفارتخانه

vízum

ویزا

pas

گذرنامه

transport
حمل و نقل

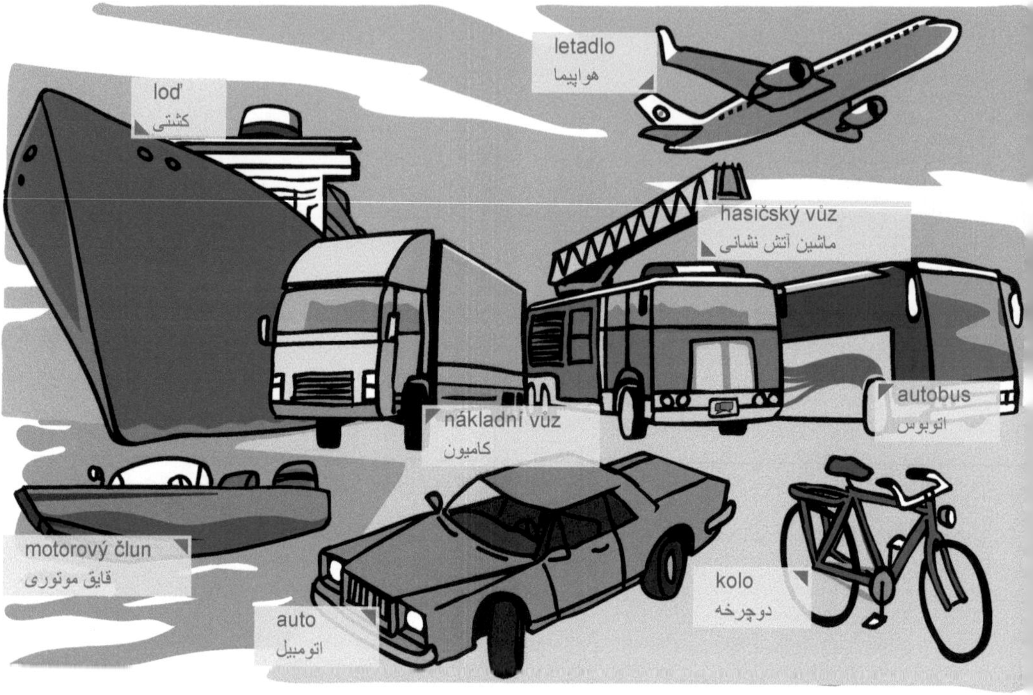

letadlo
هواپیما
loď
کشتی
hasičský vůz
ماشین آتش نشانی
autobus
اتوبوس
nákladní vůz
کامیون
motorový člun
قایق موتوری
kolo
دوچرخه
auto
اتومبیل

přívoz

کشتی مسافربری

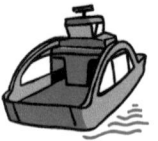

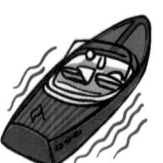

člun

قایق

motorka

موتورسیکلت

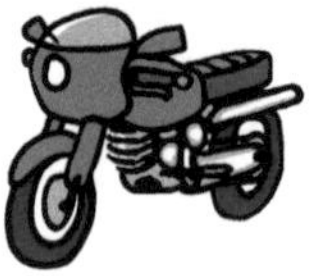

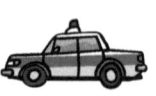

policejní auto

ماشین پلیس

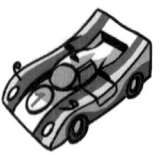

závodní auto

ماشین مسابقه

pronajaté auto

ماشین کرایه ای

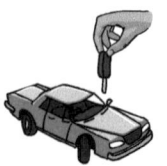

sdílení aut

به اشتراک گذاری اتوموبیل

odtahová služba

جرثقیل

popelářský vůz

ماشین حمل زباله

motor

موتور

palivo

بنزین

čerpací stanice

پمپ بنزین

dopravní značka

تابلو راهنمایی و رانندگی

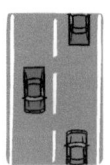

doprava

عبور و مرور

dopravní zácpa

ترافیک

parkoviště

پارکینگ

vlakové nádraží

ایستگاه قطار

koleje

ریل راه آهن

vlak

قطار

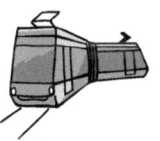

tramvaj

قطار برقی

vagón

واگن

helikoptéra

هلیکوپتر

letiště

فرودگاه

věž

برج

pasažér

مسافر

kontejner

کانتینر

kartón

کارتن

trakař

گاری

koš

سبد

vzlétnout / přistát

به پرواز درآمدن / فرود آمدن

město

شهر

vesnice

دهکده

střed města

مرکز شهر

dům

خانه

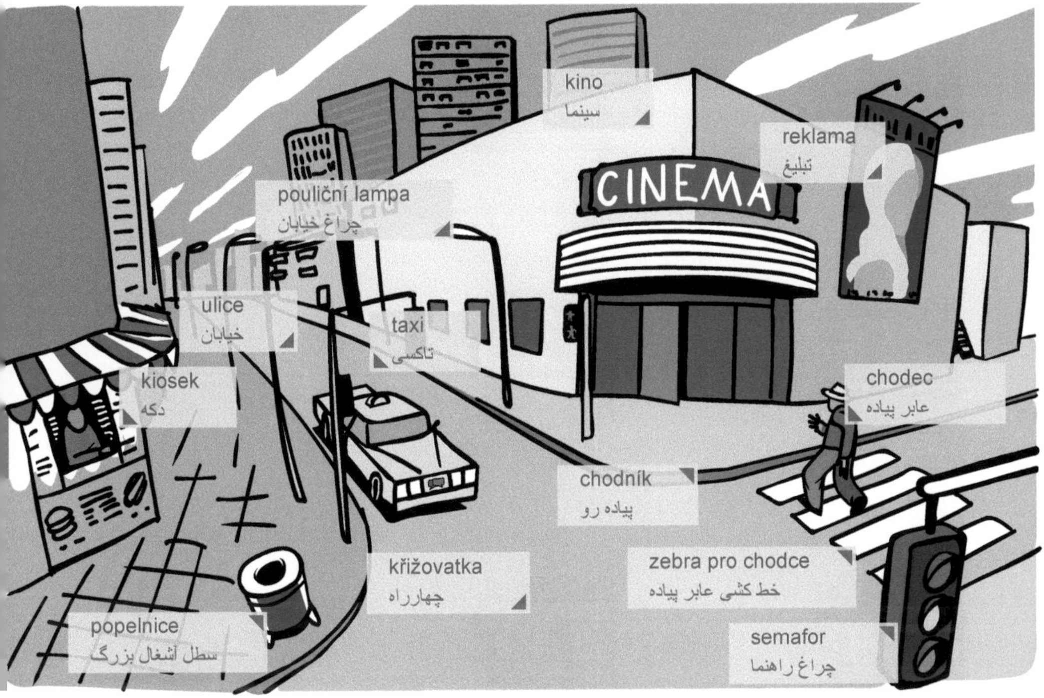

kino سینما

reklama تبلیغ

pouliční lampa چراغ خیابان

ulice خیابان

taxi تاکسی

kiosek دکه

chodec عابر پیاده

chodník پیاده رو

křižovatka چهارراه

zebra pro chodce خط کشی عابر پیاده

popelnice سطل آشغال بزرگ

semafor چراغ راهنما

chata
کلبه

byt
آپارتمان

vlakové nádraží
ایستگاه قطار

radnice
ساختمان شهرداری

muzeum
موزه

škola
مدرسه

univerzita

دانشگاه

banka

بانک

nemocnice

بیمارستان

hotel

هتل

lékárna

داروخانه

kancelář

اداره

knihkupectví

کتابفروشی

obchod

مغازه

květinářství

گل فروشی

supermarket

سوپرمارکت

tržnice

بازار

obchodní dům

فروشگاه بزرگ

rybárna

ماهی فروش

nákupní centrum

مرکز خرید

přístav

بندر

park

پارک

lavička

نیمکت

most

پل

schody

پله

metro

مترو

tunel

تونل

autobusová zastávka

ایستگاه اتوبوس

bar

میخانه

restaurace

رستوران

poštovní schránka

صندوق پست

pouliční tabule

تابلوی خیابان

parkovací hodiny

دستگاه پارکومتر

zoo

باغ وحش

plovárna

استخر شنای عمومی

mešita

مسجد

usedlost

مزرعه

znečišťování životního
prostředí

آلودگی محیط زیست

hřbitov

قبرستان

církev

کلیسا

hřiště

زمین بازی

chrám

معبد

krajina

چشم انداز

list
برگ

rozcestník
تابلوی راهنمای مسیر

cesta
راه

louka
چمنزار

kámen
سنگ

strom
درخت

turista
راه نورد

řeka
رودخانه

tráva
چمن

květina
گل

údolí

دره

hora

تپه

jezero

دریاچه

les

جنگل

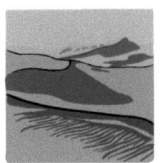

poušť

بیابان

sopka

کوه آتشفشان

zámek

قلعه

duha

رنگین کمان

houba

قارچ

palma

درخت نخل

komár

پشه

moucha

مگس

mravenec

مورچه

včela

زنبور

pavouk

عنکبوت

brouk

سوسک

žába

قورباغه

veverka

سنجاب

ježek

جوجه تیغی

zajíc

خرگوش صحرایی

sova

جغد

pták

پرنده

labuť

قو

divoké prase

گراز

jelen

گوزن نر

los

گوزن شمالی

přehrada

سد آب

větrné kolo

توربین بادی

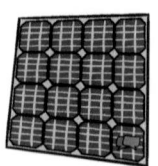

solární panel

صفحه ی خورشیدی

podnebí

آب و هوا

restaurace

رستوران

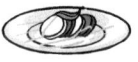

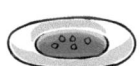

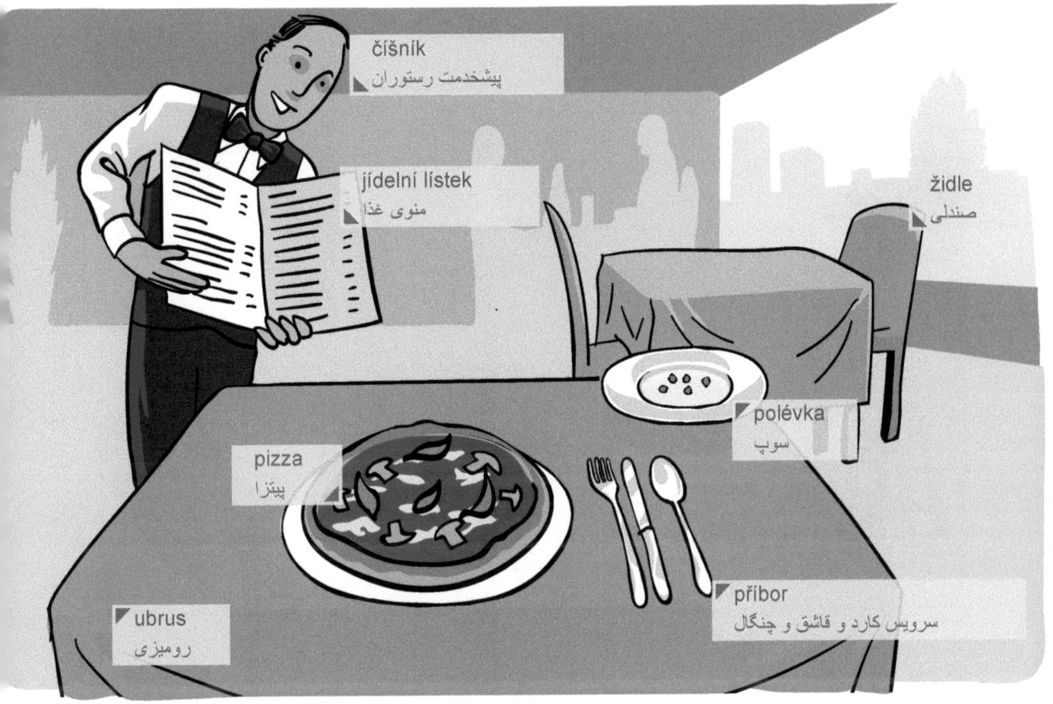
číšník
پیشخدمت رستوران
jídelní lístek
منوی غذا
židle
صندلی
polévka
سوپ
pizza
پیتزا
příbor
سرویس کارد و قاشق و چنگال
ubrus
رومیزی

předkrm

پیش‌غذا

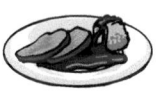

hlavní chod

غذای اصلی

dezert

دسر

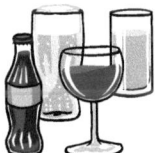

nápoje

نوشیدنی ها

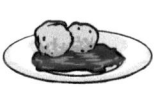

jídlo

غذا

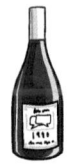

láhev

بطری

rychlé občerstvení

فست فود

pouliční občerstvení

اغذیه خیابانی

čajová konvice

قوری

cukřenka

قندان

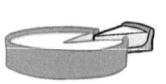

porce

پُرس غذا

kávovar na espresso

دستگاه اسپرسو

dětská stolička

صندلی پایه بلند غذاخوری بچه

faktura

صورتحساب

tác

سینی

nůž

چاقو

vidlička

چنگال

lžíce

قاشق

čajová lyžička

قاشق چایخوری

ubrousek

دستمال سفره

sklenička

لیوان

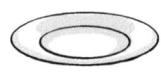

talíř

بشقاب

talíř na polévku

بشقاب سوپخوری

podšálek

نعلبكی

omáčka

سس

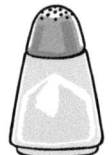

slánka

نمکدان

mlýnek na pepř

فلفل ساب

ocet

سرکه

olej

روغن خوراکی

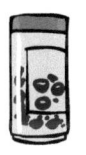

koření

ادویه جات

kečup

سس کچاپ

hořčice

سس خردل

majonéza

سس مایونز

supermarket
سوپرمارکت

nabídka
پیشنهاد ویژه
FOR
zákazník
مشتری
mléčné výrobky
لبنیات
ovoce
میوه جات
nákupní vozík
چرخ دستی خرید

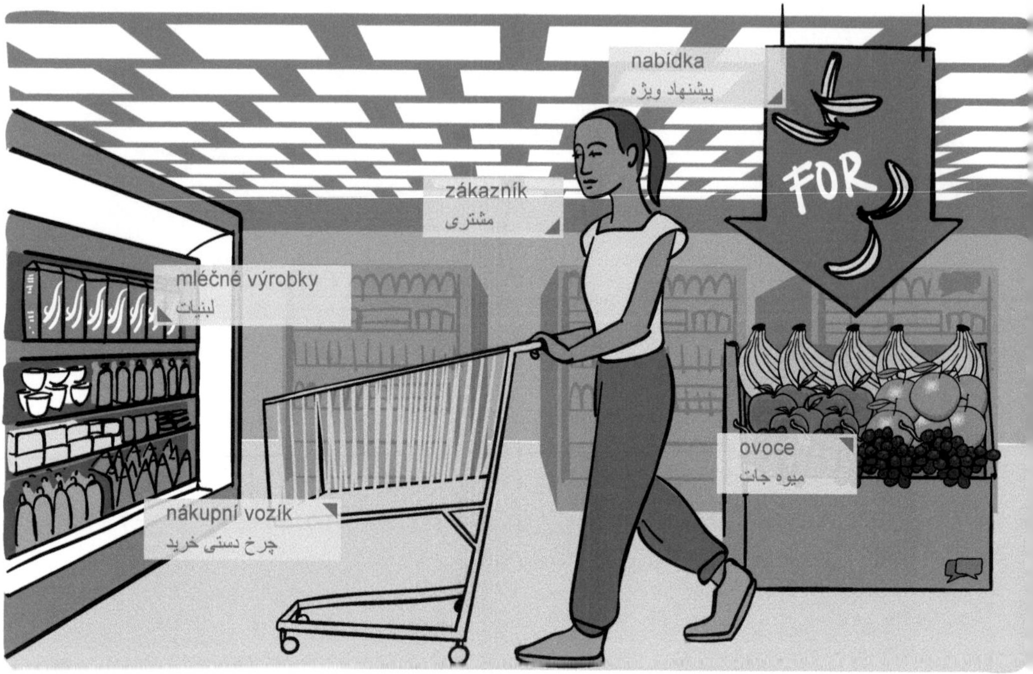

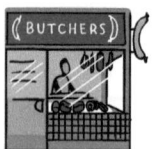

BUTCHERS

masna
قصابی

BAKERY

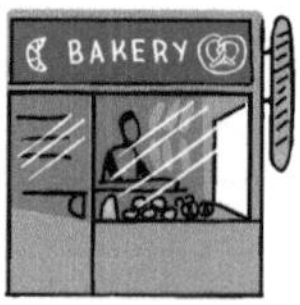

pekařství
نانوایی

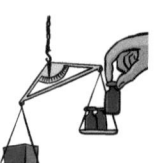

vážit
وزن کردن

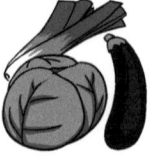

zelenina
سبزیجات

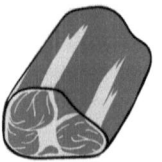

maso
گوشت

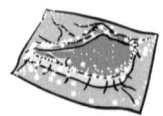

mražené potraviny
غذای منجمد

obložený talíř

مخلوطی از انواع کالباس یا پنیر که
ورقه ای بریده شده باشند

konzervy

غذای کنسروی

prací prášek

پودر لباسشویی

cukrovinky

شیرینی جات

výrobky pro domácnost

لوازم خانگی

čisticí prostředek

ماده شوینده و پاک کننده

prodavačka

فروشنده

pokladna

صندوق پرداخت

pokladní

صندوقدار

nákupní seznam

لیست خرید

otevírací doba

ساعات کار

peněženka

کیف پول

kreditní karta

کارت اعتباری

taška

کیف

igelitová taška

کیسه ی پلاستیکی

voda

آب

džus

آبمیوه

mléko

شیر

kola

نوشابه کوکاکولا

víno

شراب

pivo

آبجو

alkohol

الکل

kakao

کاکائو

čaj

چای

káva

قهوه

espresso

قهوه اسپرسو

kapučíno

کاپوچینو

banán

موز

jablko

سیب

pomeranč

پرتقال

meloun

انواع هندوانه و خربزه

citrón

لیمو

mrkev

هویج

česnek

سیر

bambus

نی بامبو

cibule

پیاز

houba

قارچ

ořechy

آجیل

těstoviny

ماکارونی

špageti

اسپاگتی

rýže

برنج

salát

سالاد

hranolky

سیب زمینی سرخ کرده

americké brambory

سیب زمینی سرخ شده

pizza

پیتزا

hamburger

همبرگر

sendvič

ساندویچ

řízek

شنیتسل

šunka

ژامبون خوک

salám

سالامی

salám

سوسیس

kuře

مرغ

pečeně

نوعی گوشت سرخ شده

ryby

ماهی

ovesné vločky

جوی پرک شده

müsli

نوعی صبحانه مخلوطی از برگه ذرت و میوه های خشک شده و خشکبار که معمولا با شیر خورده می شود

vločky

کورنفلکس

mouka

آرد

croissant

کرواسان

houska

نان بروتشن

chléb

نان

toast

نان تست

sušenky

بیسکویت

máslo

کره

tvaroh

کشک

buchta

کیک

vejce

تخم مرغ

volské oko

تخم مرغ نیمرو

sýr

پنیر

zmrzlina

بستنی

cukr

شکر

med

عسل

marmeláda

مربا

nugátový krém

کرم شکلاتی بادامی

kari

ادویه کاری

usedlost
مزرعه

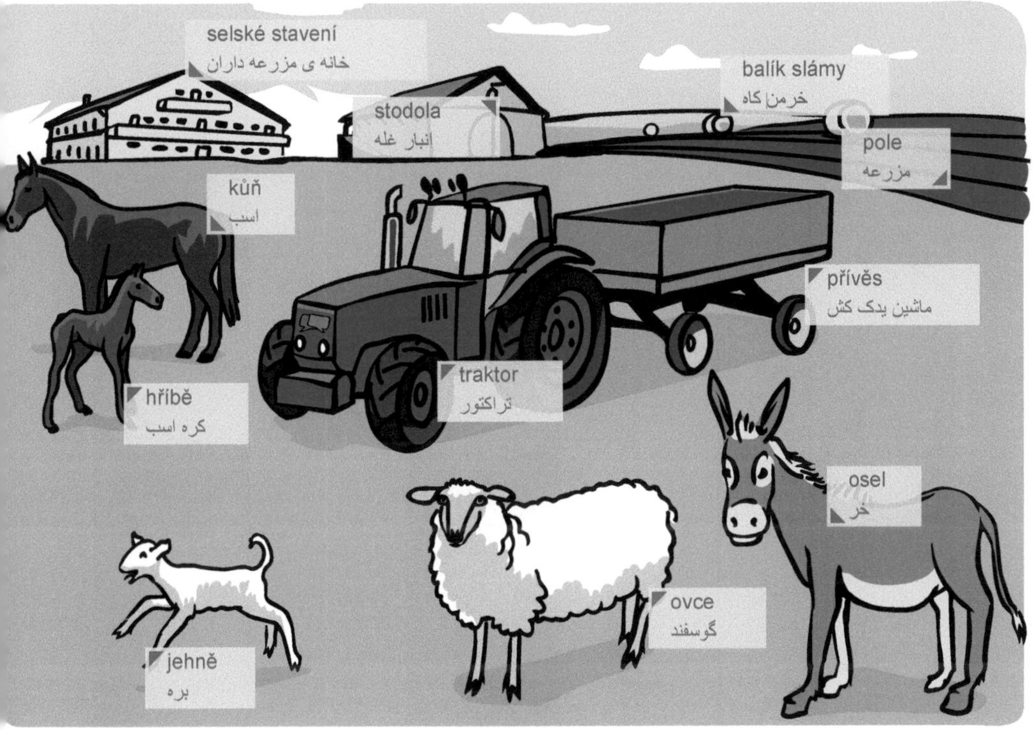
selské stavení
خانه ی مزرعه داران
stodola
انبار غله
balík slámy
خرمن کاه
pole
مزرعه
kůň
اسب
přívěs
ماشین یدک کش
traktor
تراکتور
hříbě
کره اسب
osel
خر
ovce
گوسفند
jehně
بره

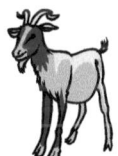

koza
بز

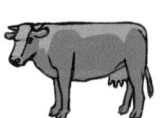

kráva
گاو ماده

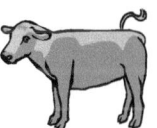

tele
گوساله

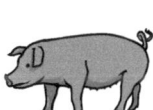

prase
خوک

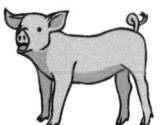

sele
بچه خوک

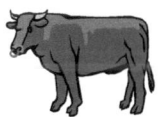

býk
گاو نر

husa

غاز

kachna

اردک

kuře

جوجه

slepice

مرغ

kohout

خروس

krysa

موش صحرایی

kočka

گربه

myš

موش

vůl

گاو نر اخته

pes

سگ

psí bouda

لانه ی سگ

zahradní hadice

شلنگ باغبانی

kropicí konev

آبپاش

kosa

داس دسته بلند

pluh

گاوآهن

srp

داس

motyka

کج بیل

vidle

چنگک باغبانی

sekera

تبر

kolecko

فرقون

koryto

آبشخور

konev na mléko

بطری نگهداری شیر

pytel

کیسه

plot

حصار

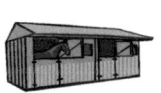

stáj

اصطبل

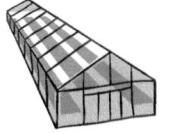

skleník

گلخانه

půda

خاک

osivo

بذر

hnojivo

کود

kombajn

ماشین کمباین

sklidit

برداشت کردن محصول

sklizeň

محصول

smldinec

تميس

pšenice

گندم

sója

سویا

brambora

سیب زمینی

kukuřice

ذرت

řepka

کلزا

ovocný strom

درخت میوه

maniok

گیاه مانیوک

obilí

غلات

dům
خانه

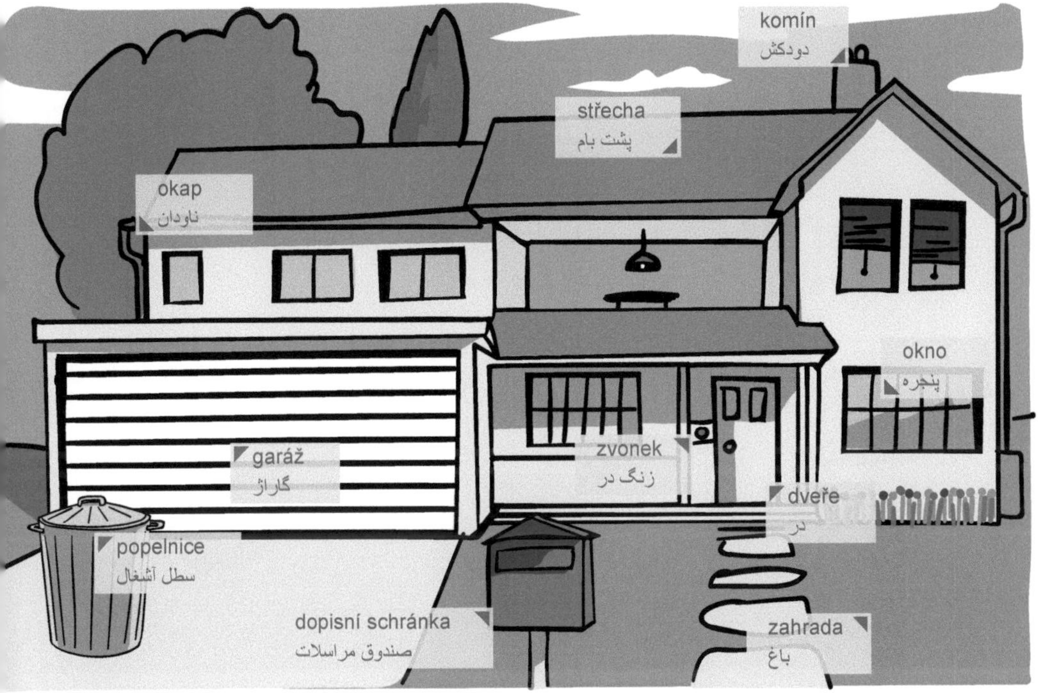
komín
دودکش
střecha
پشت بام
okap
ناودان
okno
پنجره
zvonek
زنگ در
garáž
گاراژ
dveře
در
popelnice
سطل آشغال
dopisní schránka
صندوق مراسلات
zahrada
باغ

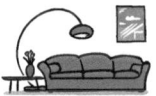

obývací pokoj

اتاق نشیمن

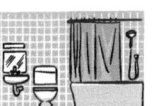

koupelna

حمام

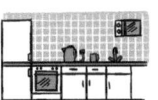

kuchyně

آشپزخانه

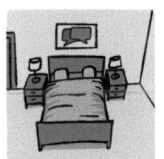

ložnice

اتاق خواب

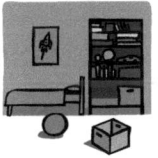

dětský pokoj

اتاق بچه

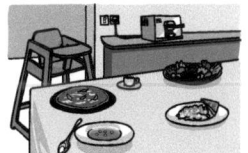

jídelna

ناهارخوری

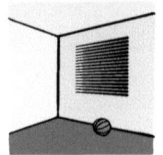

podlaha

كف زمين

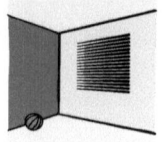

zeď

ديوار

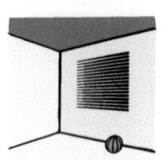

deka

سقّف

sklep

زيرزمين

sauna

سونا

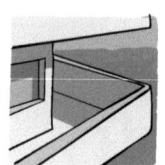

balkón

بالكن

terasa

تراس

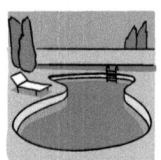

bazén

استخر

sekačka na trávu

ماشين چمنزنى

ložní prádlo

ملافه

lůžková přikrývka

روتختى

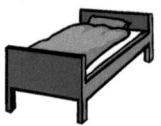

postel

تخت خواب

smeták

جارو

kýbl

سطل

vypínač

سويچ يا كليد

obývací pokoj

اتاق نشیمن

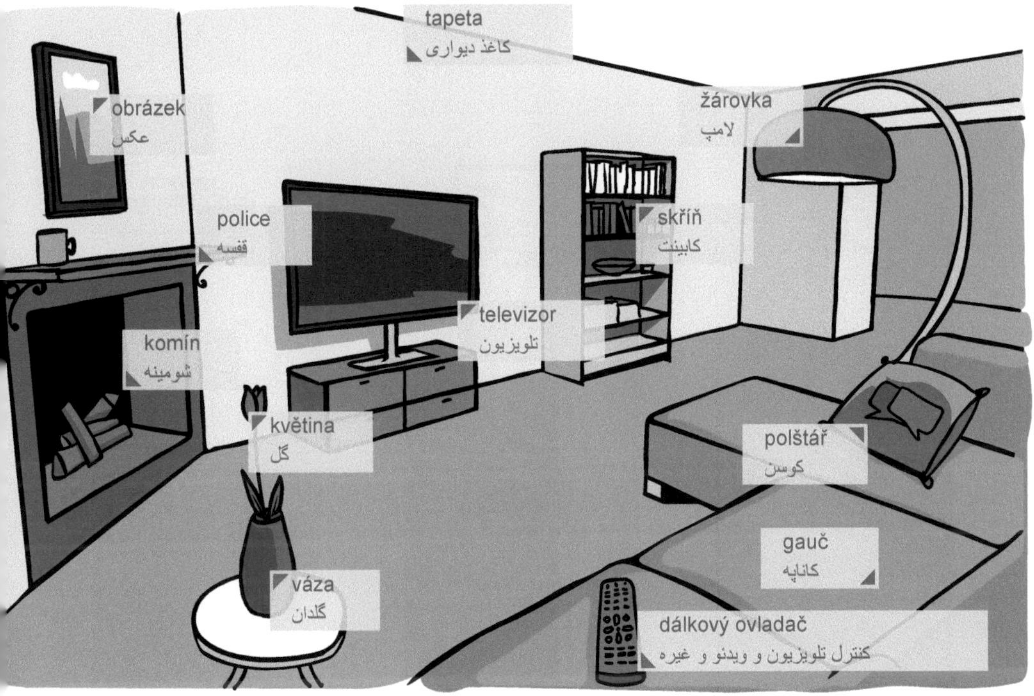
tapeta
کاغذ دیواری
obrázek
عکس
žárovka
لامپ
police
قفسه
skříň
کابینت
televizor
تلویزیون
komín
شومینه
květina
گل
polštář
کوسن
gauč
کاناپه
váza
گلدان
dálkový ovladač
کنترل تلویزیون و ویدئو و غیره

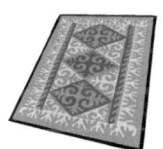

koberec

فرش

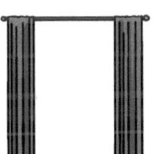

závěs

پرده

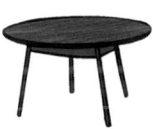

stůl

میز

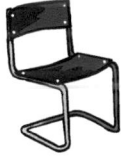

židle

صندلی

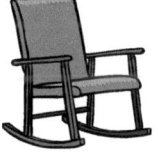

houpací křeslo

صندلی گهواره ایی

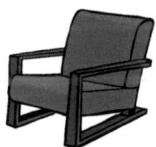

křeslo

صندلی راحتی

kniha

كتاب

strop

لحاف

ozdoba

دكوراسيون

palivové dříví

هيزم

film

فيلم

stereo souprava

دستگاه ضبط صوت

klíč

كليد

noviny

روزنامه

malba

تابلو نقاشی

plakát

پوستر

rádio

راديو

poznámkový blok

دفترچه يادداشت

vysavač

جاروبرقی

kaktus

كاكتوس

svíce

شمع

kuchyně
آشپزخانه

chladnička
یخچال
mikrovlnná trouba
ماکروویو
kuchyňská váha
ترازوی آشپزخانه
toustovač
تُستر
čisticí prostředek
ماده شوینده و پاک کننده
trouba
فر خوراک پزی
mraznička
جایخی
popelnice
سطل آشغال
myčka nádobí
ماشین ظرفشویی

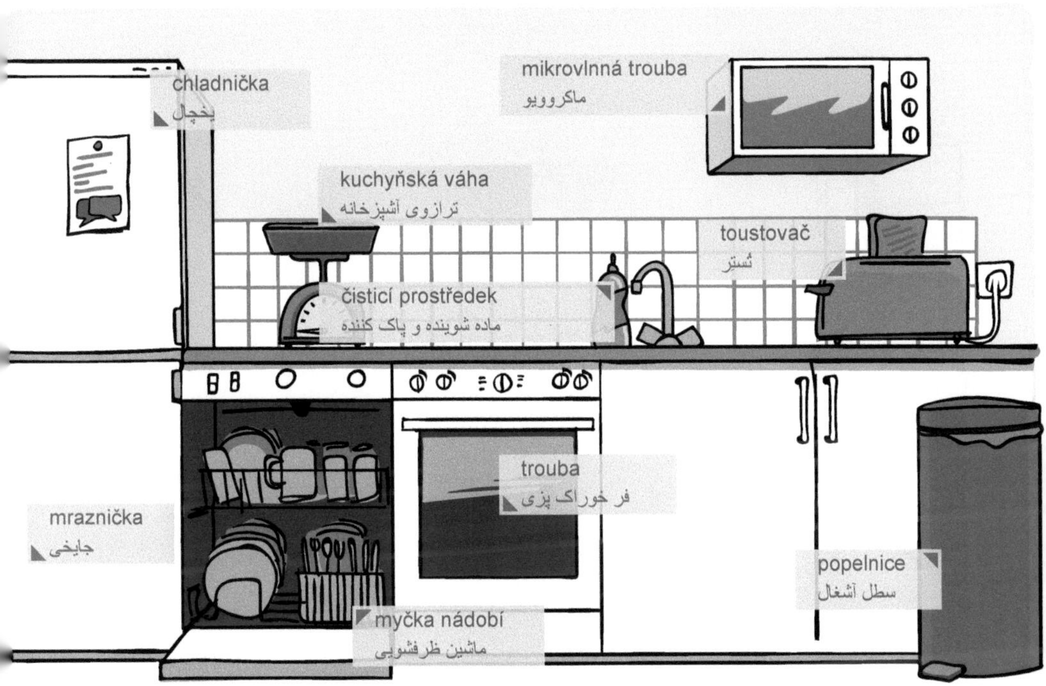

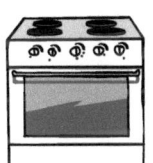

sporák

اجاق گاز

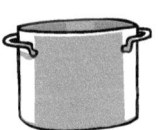

hrnec

قابلمه

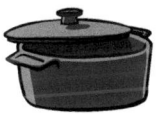

litinový hrnec

قابلمه چدنی

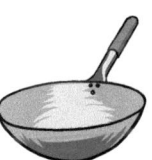

wok / kadai

ماهی تابه گود

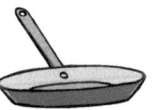

pánev

ماهی تابه

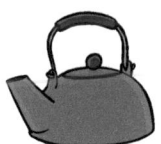

varná konvice

کتری

parní hrnec

بخارپز

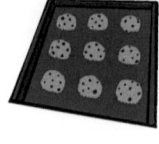

plech na pečení

سینی فر

nádobí

ظرف چینی آشپزخانه

hrnek

لیوان

miska

کاسه

jídelní hůlky

چاپستیک

naběračka

ملاقه

obracečka

کفگیر

metla

همزن

síto

آبکش

cedník

آبکش

struhadlo

رنده

hmoždíř

هاون

gril

باربیکیو

ohniště

محل مخصوص افروختن آتش

prkénko na krájení

تخته گوشت و سبزی

váleček na těsto

وردنه

vývrtka

در بطری بازکن

dóza

قوطی

otvírák na konzervy

در قوطی بازکن

chňapka

دستگیره پارچه ای

umyvadlo

سینک ظرفشویی

kartáč na nádobí

برس ظرفشویی

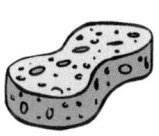

houba

اسفنج

mixér

مخلوط کن

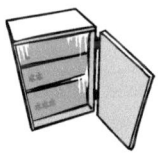

mrazák

فریزر

dětská lahev

شیشه شیر بچه

kohoutek

شیر آب

koupelna

حمام

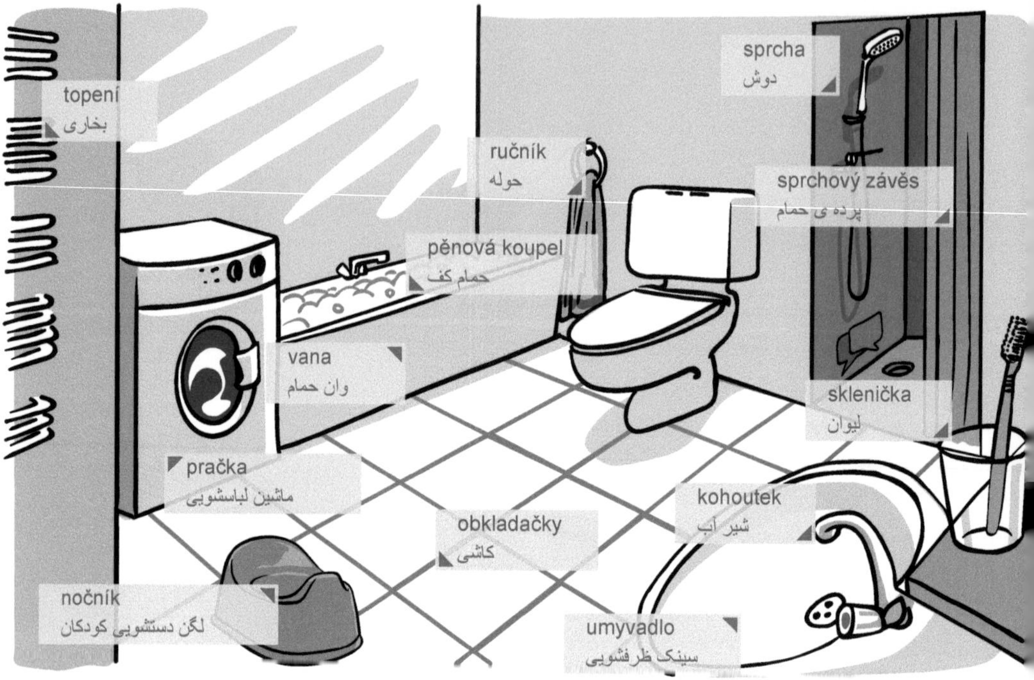

topení
بخاری
ručník
حوله
sprcha
دوش
sprchový závěs
پرده ی حمام
pěnová koupel
حمام کف
vana
وان حمام
sklenička
لیوان
pračka
ماشین لباسشویی
obkladačky
کاشی
kohoutek
شیر آب
nočník
لگن دستشویی کودکان
umyvadlo
سینک ظرفشویی

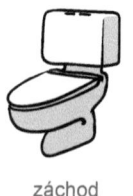

záchod

توالت

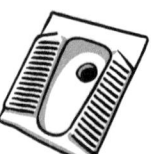

turecký záchod

توالت ایرانی

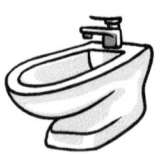

bidet

کاسه توالت

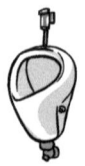

pisoár

توالت مخصوص آقایان

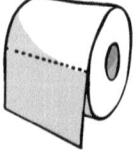

toaletní papír

دستمال توالت

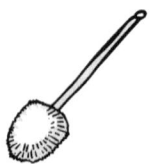

záchodová štětka

فرچه توالت

zubní kartáček

مسواک

zubní pasta

خمیردندان

zubní niť

نخ دندان

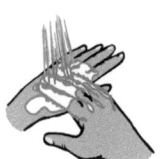

mýt

شستن

ruční sprcha

دوش آب تلفنی

intimní sprcha

شلنگ توالت

umyvadlo

لگن روشویی

kartáč na záda

برس شست و شوی پشت

mýdlo

صابون

sprchový gel

شامپو بدن

šampón

شامپو

žínka

لیف حمام

odpad

راه آب

krém

کرم

deodorant

اسپری دئودورانت

zrcadlo

آیینه

kosmetické zrcátko

آیینه ی کوچک دستی

holicí strojek

تیغ ریش تراشی

pěna na holení

کف ریش‌تراشی

voda po holení

أفترشیو

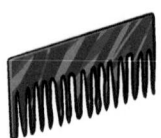

hřeben

شانه ی سر

kartáč

برس

fén

سشوار

lak na vlasy

اسپری مو

makeup

آرایش

rtěnka

رژلب

lak na nehty

لاک ناخن

vata

پنبه

nůžky na nehty

قیچی ناخن

parfém

عطر

taška s toaletními potřebami

کیف لوازم آرایشی و بهداشتی

stolička

چهارپایه

váha

ترازو

župan

حوله ی پالتویی

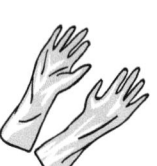

gumové rukavice

دستکش ظرفشویی

tampón

تامپون

dámská vložka

نوار بهداشتی

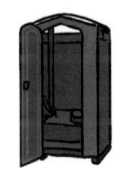

chemická toaleta

توالت سیار

dětský pokoj

اتاق بچه

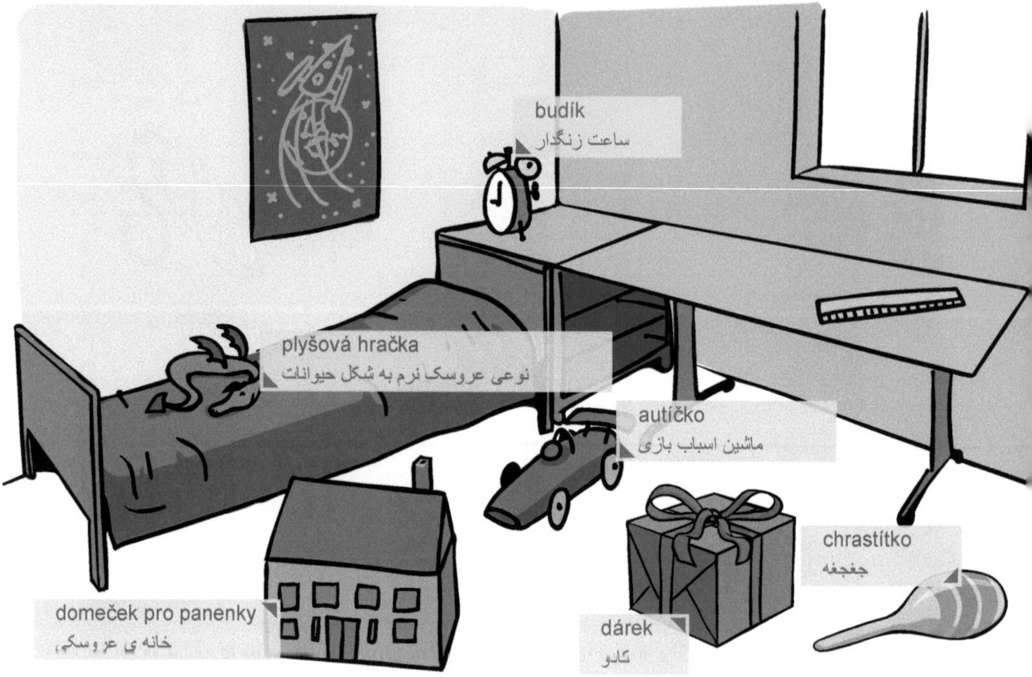
budík
ساعت زنگدار
plyšová hračka
نوعی عروسک نرم به شکل حیوانات
autíčko
ماشین اسباب بازی
chrastítko
جغجغه
domeček pro panenky
خانه ی عروسکی
dárek
کادو

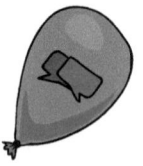

balón

بادکنک

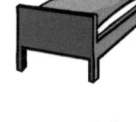

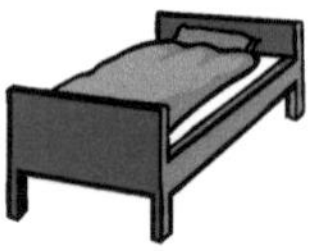

postel

تخت خواب

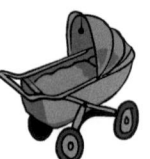

kočárek

کالسکه بچه

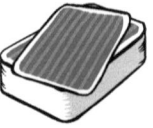

balíček karet

بازی ورق

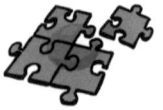

puzzle

پازل

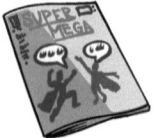

komiks

داستان مصور

lego kostky

اسباب بازی لگو

stavebnice

خانه سازی

akční figurka

عروسک شخصیت های فیلم و کارتون

dupačky

لباس نوزاد

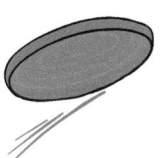

frisbee

فریزبی

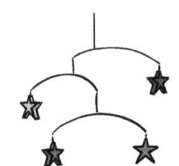

závěsné hračky nad postýlku

نوعی اسباب بازی که روی تخت نوزاد یا کودک نصب می شود

desková hra

بازی روی صفحه

kostky

تاس

modelová železnice

قطار اسباب بازی

dudlík

پستانک

oslava

مهمانی

obrázková kniha

کتاب مصور

míč

توپ

panenka

عروسک

hrát si

بازی کردن

pískoviště

جعبه شنی مخصوص بازی کودکان

houpačka

تاب

hračky

اسباب بازی

hrací konzole

کنسول بازی های کامپیوتری

tříkolka

سه چرخه

medvídek

خرس عروسکی

šatník

کمد لباس

oblečení

ponožky

جوراب

punčochy

جوراب زنانه ساق بلند

punčochové kalhoty

جوراب شلواری

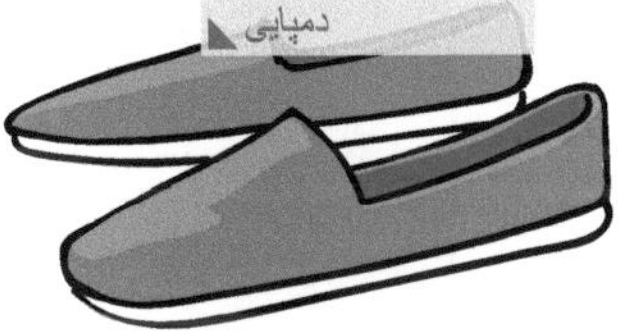

šála
شال

deštník
چتر

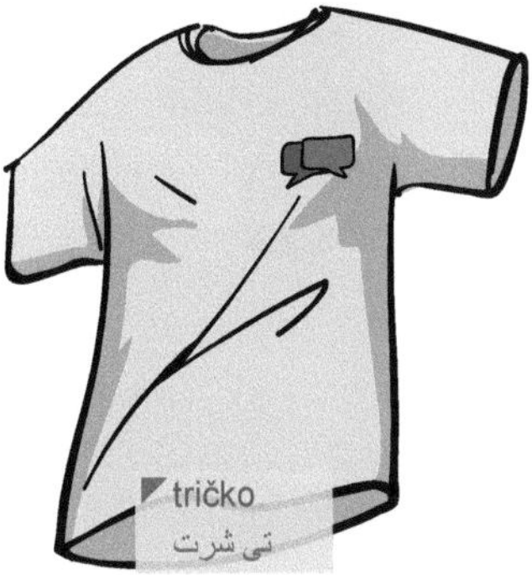

tričko
تی شرت

pásek
کمربند

kozačky
پوتین

domácí obuv
دمپایی

tenisky
کفش ورزشی کتانی

sandály

صندل

obuv

کفش

holínky

چکمه پلاستیکی

spodní prádlo

شرت

podprsenka

سوتین

nátělník

جلیقه

body

بادی

kalhoty

شلوار

džíny

جین

sukně

دامن

blůza

بلوز

košile

پیراهن

svetr

پولیور

mikina

سویی شرت

blejzr

نوعی کت

bunda

ژاکت

kabát

کت بلند

pláštěnka

بارانی

kostým

لباس نمایش

šaty

لباس

svatební šaty

لباس عروس

oblek

كت و شلوار

noční košile

لباس خواب زنانه

pyžamo

پيژامه

sárí

ساری

šátek na hlavu

روسری

turban

عمامه

burka

برقع

kaftan

قبا

abája

عبا

plavky

لباس شنا

pánské plavky

شرت شنا

kraťasy

شلوارک

tepláková souprava

لباس ورزشی

zástěra

پيشبند

rukavice

دستكش

knoflík

دكمه

brýle

عینک

náramek

دستبند

náhrdelník

گردنبند

prsten

انگشتر

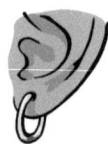

náušnice

گوشواره

čepice

کلاه لبه دار

ramínko

چوب لباسی

klobouk

کلاه

kravata

کراوات

zip

زیپ

helma

کلاه ایمنی

kšandy

بند شلوار

školní uniforma

لباس مدرسه

uniforma

لباس فرم

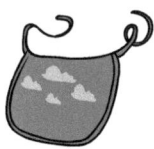

bryndák

پیش بند بچه

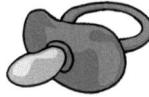

dudlík

پستانک

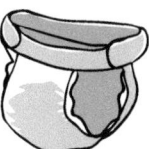

plena

پوشک بچه

kancelář

اداره

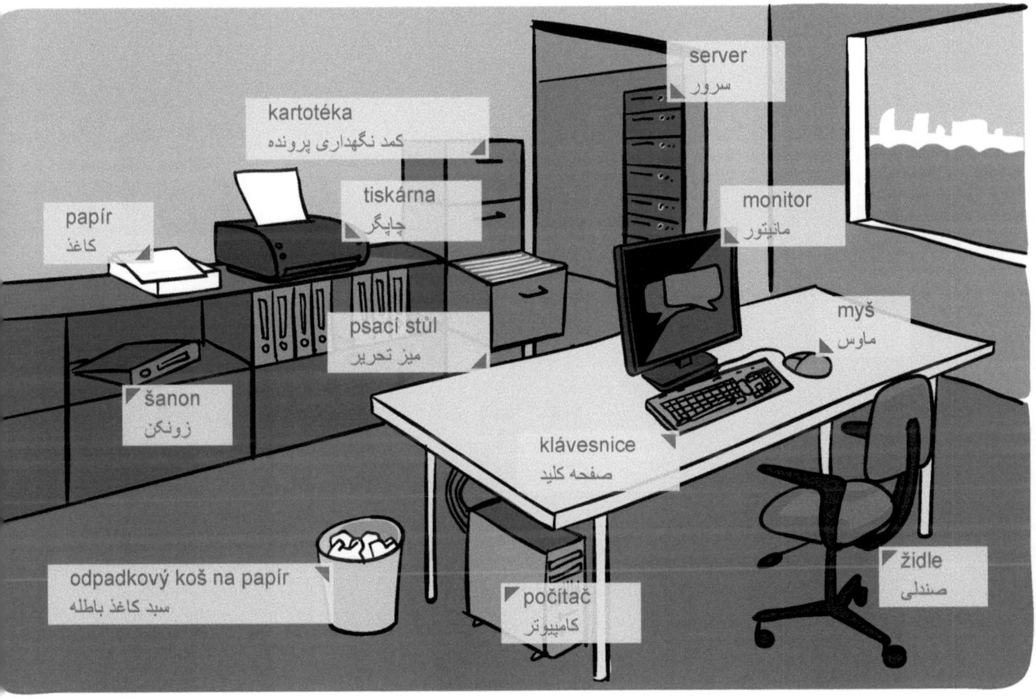

server
سرور
kartotéka
کمد نگهداری پرونده
tiskárna
چاپگر
papír
کاغذ
monitor
مانیتور
myš
ماوس
psací stůl
میز تحریر
šanon
زونکن
klávesnice
صفحه کلید
židle
صندلی
odpadkový koš na papír
سبد کاغذ باطله
počítač
کامپیوتر

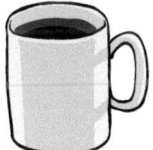

hrnek na kávu

لیوان قهوه

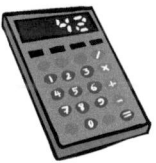

kalkulačka

ماشین حساب

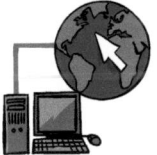

internet

اینترنت

notebook

لپ تاپ

dopis

نامه

zpráva

پیغام

mobil

تلفن همراه

síť

شبکه ی ارتباطی

kopírka

دستگاه فتوکپی

software

نرم افزار

telefon

تلفن

zásuvka

پریز

fax

دستگاه فاکس

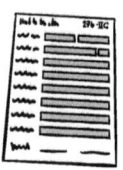

formulář

فرم

dokument

مدرک

nakupovat

خریدن

zaplatit

پرداخت کردن

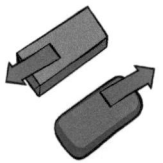

jednat

تجارت کردن

peníze

پول

dolar

دلار

euro

یورو

jen

ین

rubl

روبل

frank

فرانک سوئیس

juan

یوان رنمینبی

rupie

روپیه

bankomat

دستگاه خودپرداز

směnárna

صرافی

zlato

طلا

stříbro

نقره

olej

نفت

energie

انرژى

cena

قیمت

smlouva

قرارداد

daň

مالیات

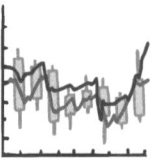

akcie

سهام سرمایه

pracovat

کار کردن

zaměstnanec

کارمند

zaměstnavatel

کارفرما

továrna

کارخانه

obchod

مغازه

povolání
مشاغل

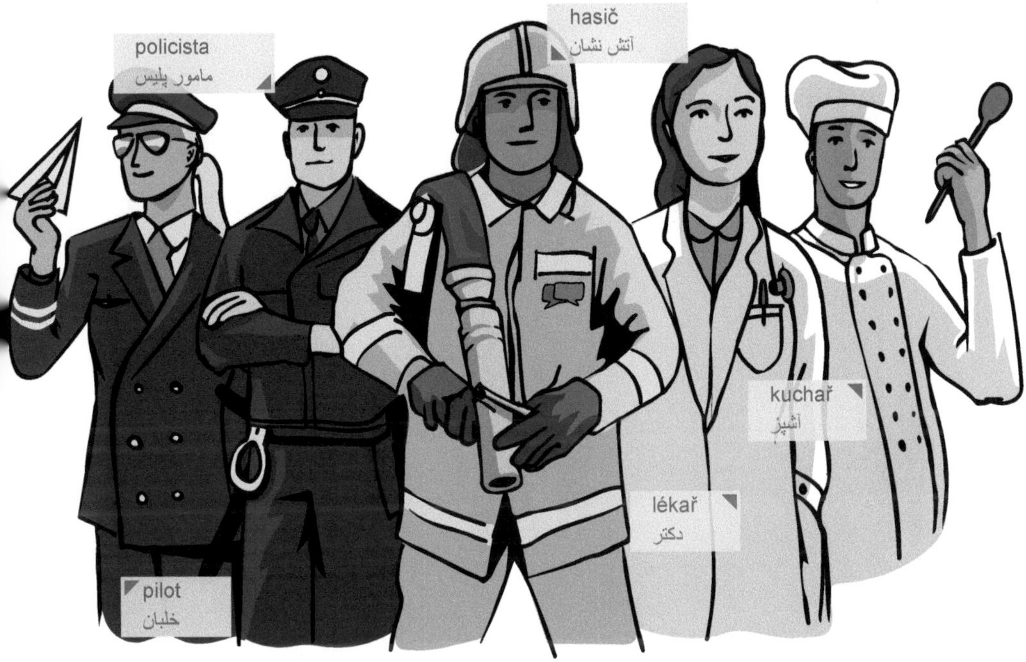
policista
مامور پلیس
hasič
آتش نشان
kuchař
آشپز
lékař
دکتر
pilot
خلبان

zahradník

باغبان

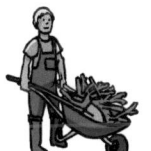

truhlář

نجار

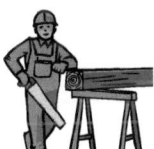

švadlena

خیاط زنانه

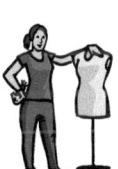

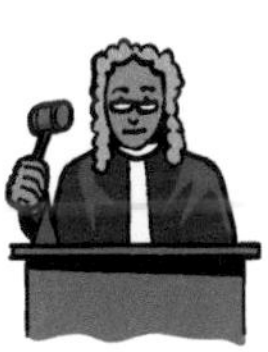

soudce

قاضی

chemik

شیمیدان

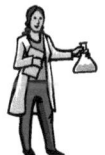

herec

بازیگر

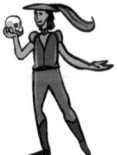

řidič autobusu

راننده اتوبوس

řidič taxi

راننده تاکسی

rybář

ماهیگیر

uklízečka

نظافتچی زن

pokrývač

سقف ساز

číšník

پیشخدمت رستوران

myslivec

شکارچی

malíř

نقاش

pekař

نانوا

elektrikář

برقکار

stavební dělník

کارگر ساختمانی

inženýr

مهندس

řezník

قصاب

klempíř

لوله کش

listonoš

پستچی

voják

سرباز

architekt

معمار

pokladní

صندوقدار

florista

گل فروش

kadeřník

آرایشگر

průvodčí

مامور کنترل بلیط در قطار

mechanik

مکانیک

kapitán

ناخدا

zubař

دندانپزشک

vědec

دانشمند

rabín

عالم یهودی

imám

امام

mnich

راهب

duchovní

کشیش

nářadí
ابزارآلات

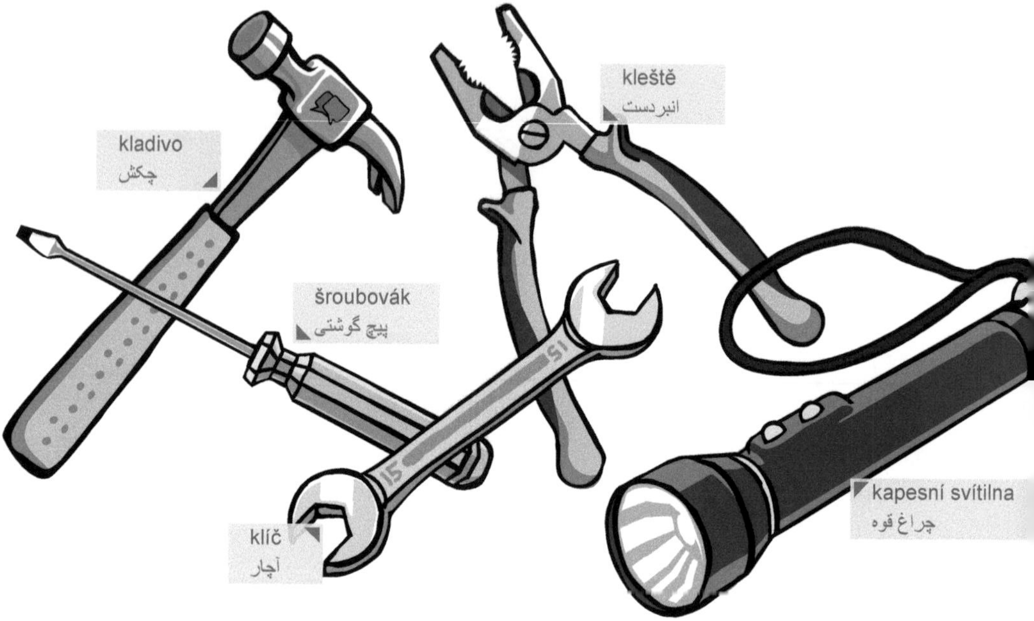
kladivo
چکش
kleště
انبردست
šroubovák
پیچ گوشتی
klíč
آچار
kapesní svítilna
چراغ قوه

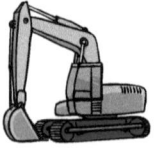

bagr
بیل مکانیکی

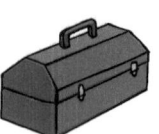

skříň na nářadí
جعبه ابزار

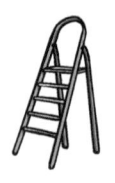

žebřík
نردبان

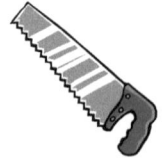

pila
ارّه

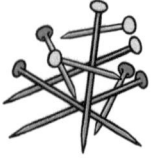

hřebíky
میخ

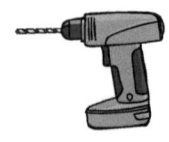

vrtačka
مته

opravit

تعمیر کردن

lopata

بیل

Kurva!

لعنتی!

lopatka

خاک انداز

vědroé na barvu

سطل رنگرزی

šrouby

پیچ

hudební nástroje
آلات موسیقی

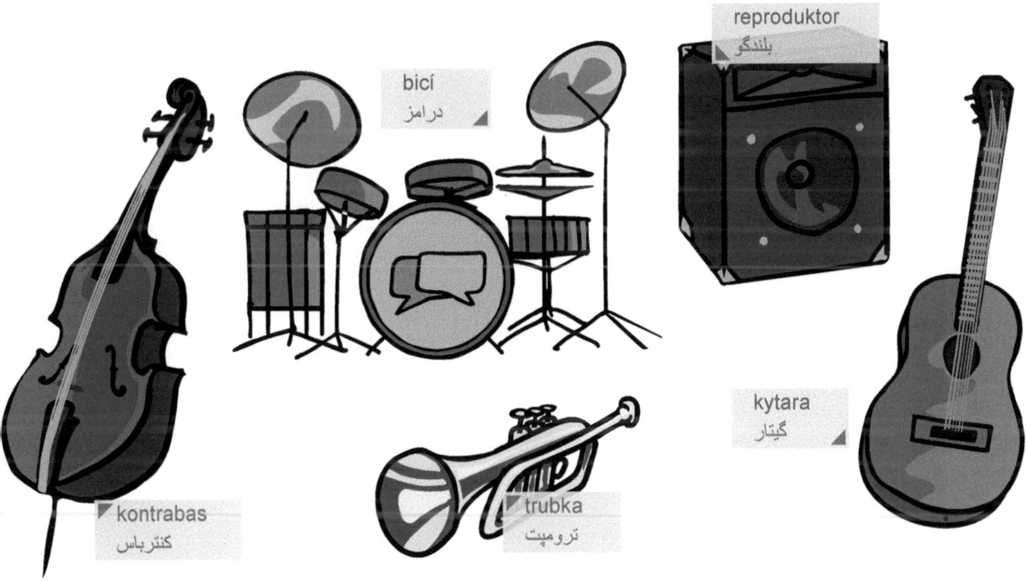

reproduktor
بلندگو

bicí
درامز

kontrabas
کنتربانس

trubka
ترومپت

kytara
گیتار

klavír

پیانو

housle

ویولن

basa

گیتار بیس

tympán

تیمپانی

bubny

طبل

keyboard

کیبورد الکتریک

saxofon

ساکسیفون

flétna

فلوت

mikrofon

میکروفون

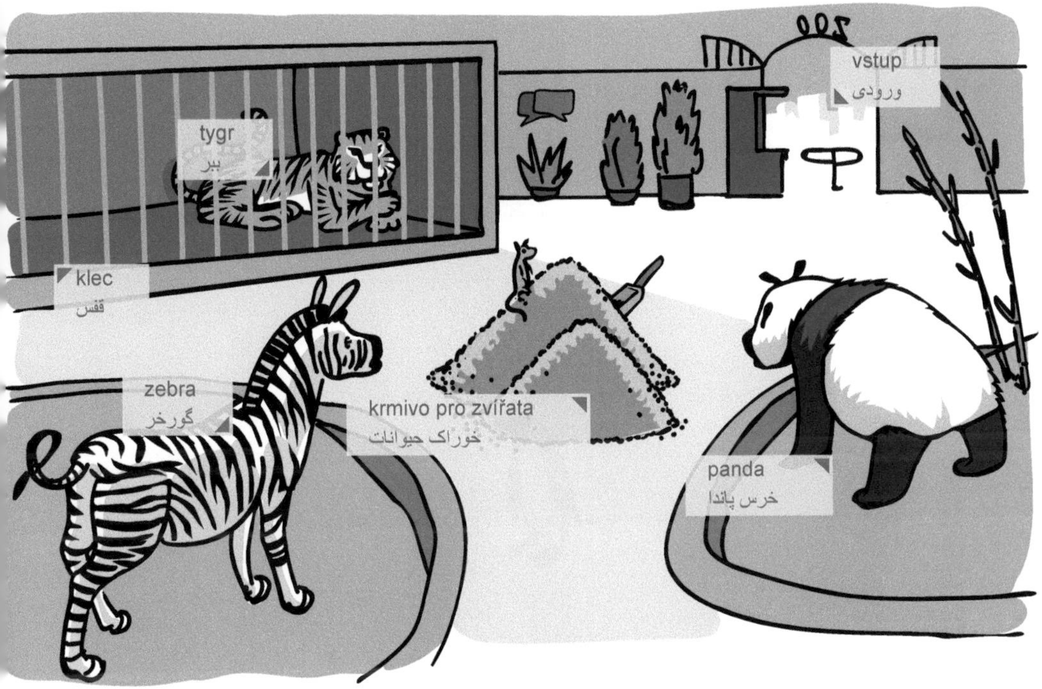

باغ وحش

tygr
ببر

vstup
ورودی

klec
قفس

zebra
گورخر

krmivo pro zvířata
خوراک حیوانات

panda
خرس پاندا

zvířata

حیوانات

slon

فیل

klokan

کانگورو

nosorožec

کرگدن

gorila

گوریل

medvěd

خرس

velbloud

شتر

pštros

شترمرغ

lev

شیر

opice

میمون

plameňák

فلامینگو

papoušek

طوطی

lední medvěd

خرس قطبی

tučňák

پنگوئن

žralok

کوسه

páv

طاووس

had

مار

krokodýl

تمساح

ošetřovatel zvířat

نگهبان باغ وحش

tuleň

خوک آبی

jaguár

پلنگ امریکایی

poník

اسب کوچک

leopard

پلنگ

hroch

اسب آبی

žirafa

زرافه

orel

عقاب

divoké prase

گراز

ryby

ماهی

želva

لاک پشت

mrož

شیرماهی

liška

روباه

gazela

غزال

americký fotbal
فوتبال آمریکایی

cyklistika
دوچرخه سواری

tenis
تنیس

košíková
بسکتبال

plavání
شنا

box
بوکس

lední hokej
هاکی روی یخ

kopaná

فوتبال

badminton

بدمینتون

lehká atletika

دوومیدانی

házená

هندبال

běh na lyžích

اسکی

vodní pólo

پولو

aktivity
فعالیت ها

skočit
پریدن
objímat
بغل کردن
smát se
خندیدن
jít
راه رفتن
zpívat
آواز خواندن
snít
رؤیا دیدن
modlit se
دعا کردن
políbit
بوسیدن

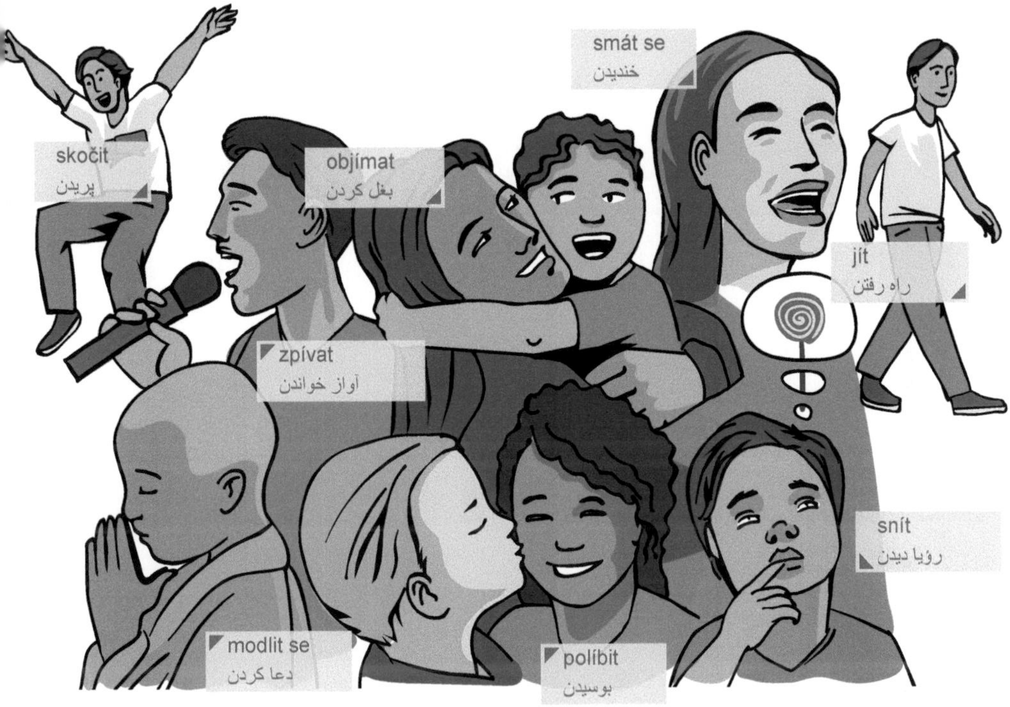

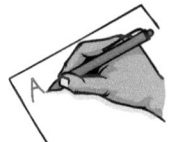

psát
نوشتن

kreslit
رسم کردن

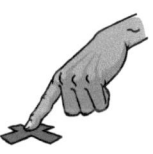

ukazovat
نشان دادن

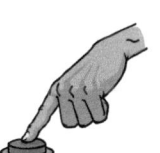

tlačit
هل دادن

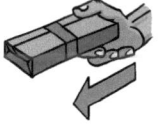

dát
دادن

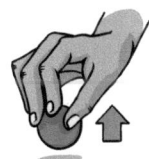

vzít si
برداشتن

mít

داشتن

dělat

انجام دادن

být

بودن

stát

ایستادن

běhat

دویدن

táhnout

کشیدن

hodit

پرتاب کردن

padat

افتادن

ležet

دراز کشیدن

čekat

منتظر بودن

nosit

حمل کردن

sedět

نشستن

oblékat

لباس پوشیدن

spát

خوابیدن

vzbudit se

بیدار شدن

prohlédnout si

تماشا کردن

plakat

گریه کردن

pohladit

نوازش کردن

česat

شانه کردن

hovořit

حرف زدن

rozumět

فهمیدن

ptát se

پرسیدن

slyšet

شنیدن

pít

آشامیدن

jíst

خوردن

uklidit

مرتب کردن

milovat

عاشق بودن

vařit

پختن

jet

رانندگی کردن

letět

پرواز کردن

plachtit

قایقرانی کردن

počítat

محاسبه کردن

číst

خواندن

učit se

یاد گرفتن

pracovat

کار کردن

vzít si

ازدواج کردن

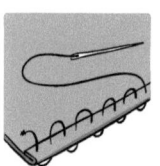

šít

دوختن

čistit si zuby

مسواک زدن

zabít

کشتن

kouřit

سیگار کشیدن

poslat

فرستادن

rodina

خانواده

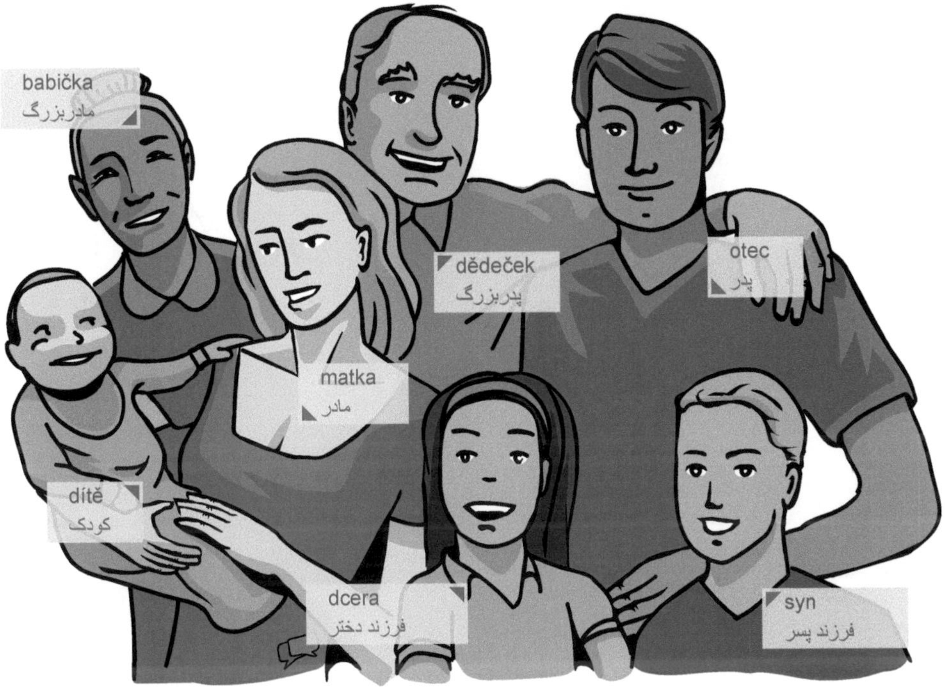
babička
مادربزرگ
dědeček
پدربزرگ
otec
پدر
matka
مادر
dítě
کودک
dcera
فرزند دختر
syn
فرزند پسر

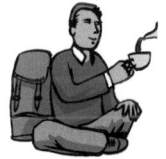

host
....
مهمان

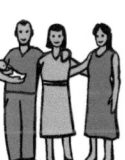

teta
....
خاله، عمه

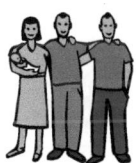

strýc
....
دایی، عمو

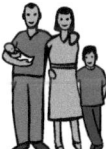

bratr
....
برادر

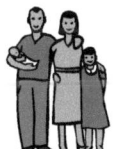

sestra
....
خواهر

tělo

بدن

čelo
پیشانی
oko
چشم
rameno
شانه
prst
انگشت دست
obličej
صورت
brada
چانه
ruka
دست
dolní končetina
ساق پا
hruď
سینه
paže
بازو

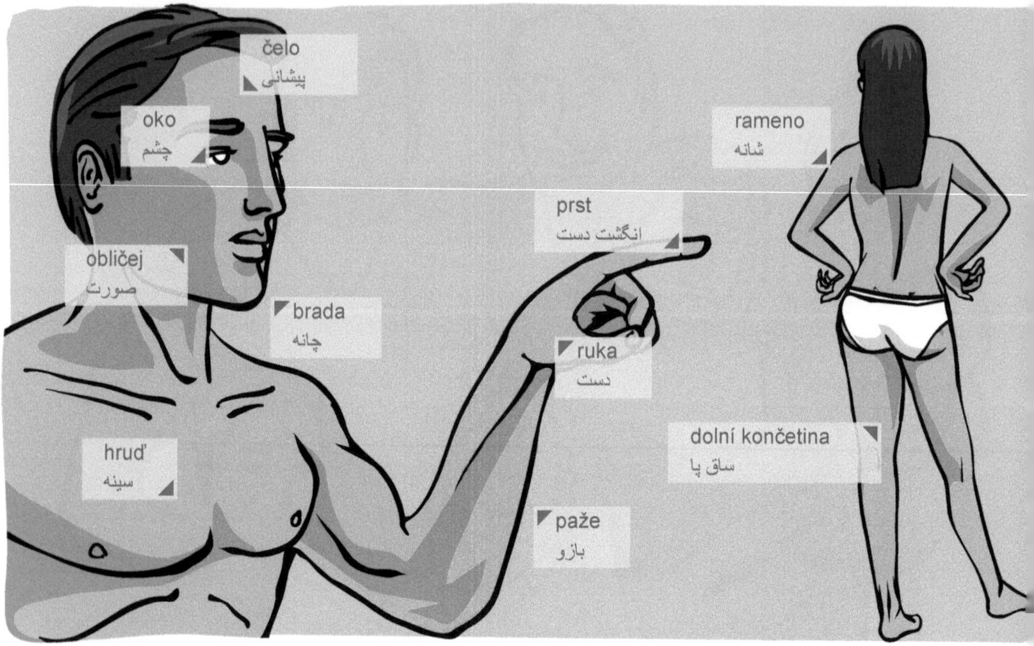

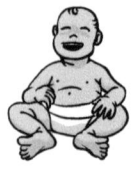

dítě

کودک

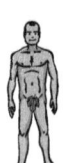

muž

مرد

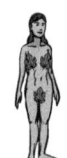

žena

زن

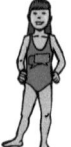

dívka

دخترب‌چه

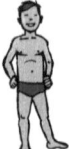

chlapec

پسربچه

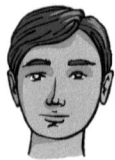

hlava

کله

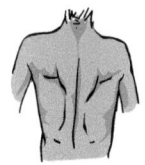

záda

كمر

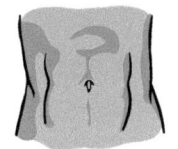

břicho

شكم

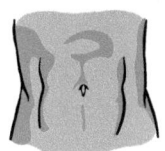

pupík

ناف

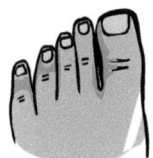

prst na noze

انگشت پا

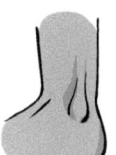

pata

پاشنه

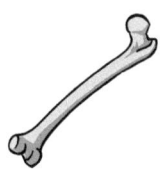

kost

استخوان

bok

لگن

koleno

زانو

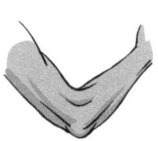

loket

آرنج

nos

بینی

zadek

نشیمنگاه

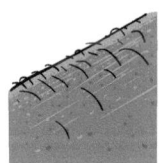

kůže

پوست

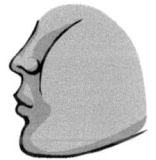

tvář

گونه

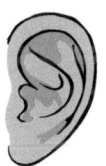

ucho

گوش

ret

لب

ústa

دهان

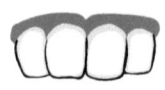

zub

دندان

jazyk

زبان

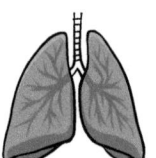

mozek

مغز

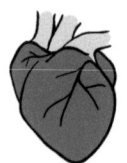

srdce

قلب

sval

عضله

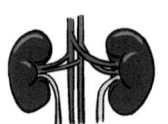

plíce

ریه

játra

کبد

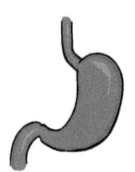

žaludek

معده

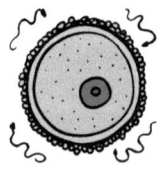

ledviny

کلیه

pohlavní styk

آمیزش جنسی

kondom

کاندوم

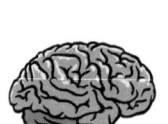

vajíčko

تخمک

sperma

اسپرم

těhotenství

حاملگی

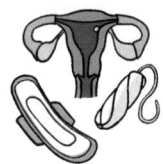

menstruace

پریود

vagina

واژن

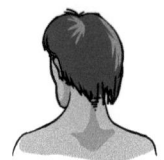

penis

آلت تناسلی مرد

obočí

ابرو

vlasy

مو

krk

گردن

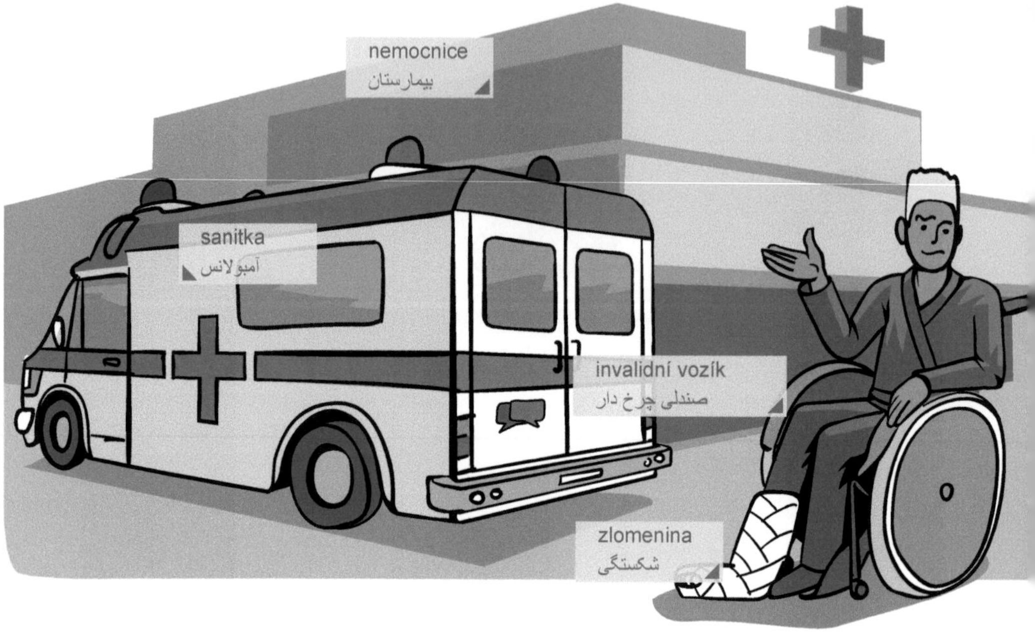

nemocnice
بیمارستان

sanitka
آمبولانس

invalidní vozík
صندلی چرخ دار

zlomenina
شکستگی

lékař

دکتر

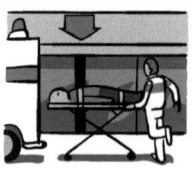

pohotovost

بخش اورژانس

zdravotní sestra

پرستار

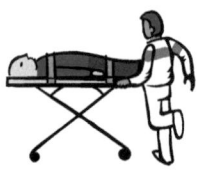

urgentní případ

موقعیت اضطراری

v bezvědomí

بی هوش

bolest

درد

úraz

مصدومیت

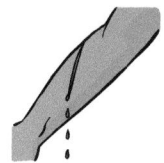

krvácení

خونریزی

infarkt myokardu

سکته قلبی

cévní mozková příhoda

سکته مغزی

alergie

آلرژی

kašel

سرفه

horečka

تب

chřipka

آنفولانزا

průjem

اسهال

bolest hlavy

سردرد

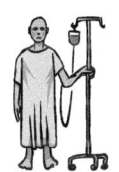

rakovina

سرطان

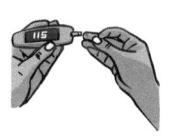

cukrovka

دیابت

chirurg

جراح

skalpel

چاقوی جراحی

operace

عمل جراحی

CT

سی تی اسکن

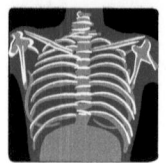

rentgen

پرتونگاری

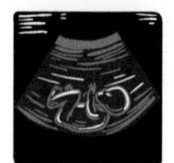

ultrazvuk

سونوگرافی

maska

ماسک صورت

nemoc

بیماری

čekárna

اتاق انتظار

berle

چوب زیر بغل

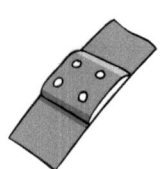

náplast

چسب زخم

obvaz

پانسمان

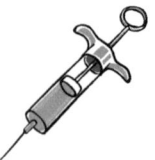

injekce

تزریق

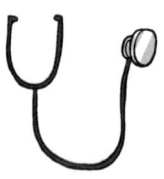

stetoskop

گوشی طبی

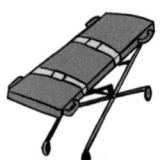

nosítka

برانکار

teploměr

دماسنج

porod

زایش

nadváha

اضافه وزن

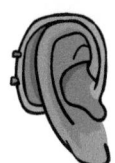

naslouchátko

سمعک

dezinfekční prostředek

ماده ضد غفونی کننده

infekce

عفونت

virus

ویروس

HIV / AIDS

اچ آی وی / ایدز

lékařství

دارو

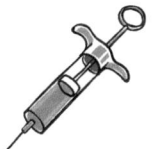

očkování

واکسیناسیون

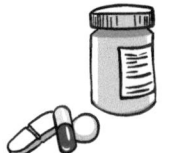

tablety

قرص

pilulka

قرص ضد حاملگی

tísňové volání

تماس اظطراری

tonometr

دستگاه اندازه گیری فشارخون

nemocný / zdravý

مریض / سالم

Pomoc!

کمک!

poplach

آژیر خطر

přepadení

حمله

napadení

حمله ی فیزیکی

nebezpečí

خطر

nouzový východ

خروج اظطراری

Hoří!

آتش

hasicí přístroj

کپسول آتش‌نشانی

nehoda

تصادف

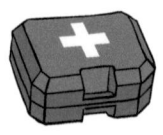

zdravotnická brašna

جعبه کمک های اولیه

SOS

درخواست کمک

policie

پلیس

Evropa

اروپا

Severní Amerika

آمریکای شمالی

Jižní Amerika

آمریکای جنوبی

Afrika

آفریقا

Asie

آسیا

Austrálie

استرالیا

Atlantik

اقیا نوس اطلس

Pacifik

اقیانوس آرام

Indický oceán

اقیانوس هند

Jižní ledový oceán

اقیا نوس اطلس جنوبی

Severní ledový oceán

اقیانوس منجمد شمالی

severní pól

قطب شمال

jižní pól

قطب جنوب

Antarktida

قاره قطب جنوب

země

کره زمین

pevnina

سرزمین

moře

دریا

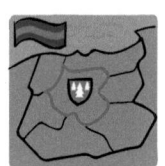

ostrov

جزیره

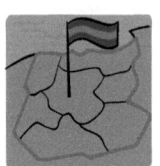

národ

ملت

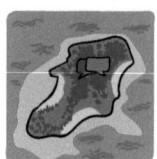

stát

کشور

ciferník

صفحه ی ساعت

hodinová ručička

ساعت شمار

minutová ručička

دقیقه شمار

vteřinová ručička

ثانیه شمار

Kolik je hodin?

ساعت چند است؟

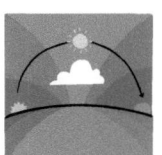

den

روز

čas

زمان

teď

اکنون

digitální hodinky

ساعت دیجیتال

minuta

دقیقه

hodina

ساعت

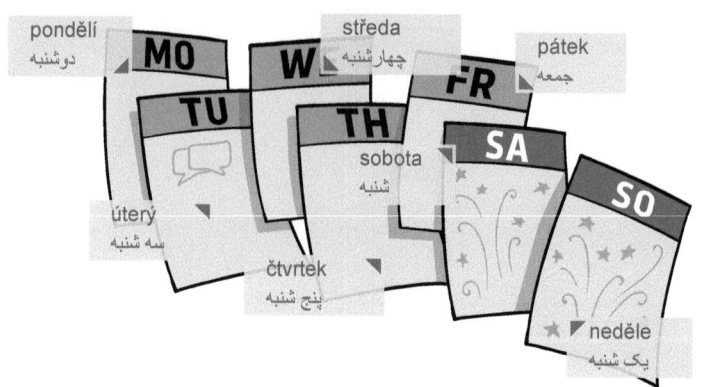

pondělí
دوشنبه

středa
چهارشنبه

pátek
جمعه

úterý
سه شنبه

čtvrtek
پنج شنبه

sobota
شنبه

neděle
یک شنبه

včera
دیروز

dnes
امروز

zítra
فردا

ráno
صبح

poledne
ظهر

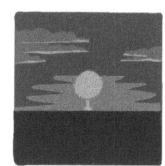

večer
غروب

MO	TU	WE	TH	FR	SA	SU
1	2	3	4	5	6	7
8	9	10	11	12	13	14
15	16	17	18	19	20	21
22	23	24	25	26	27	28
29	30	31	1	2	3	4

pracovní dny
روزهای کاری

MO	TU	WE	TH	FR	SA	SU
1	2	3	4	5	6	7
8	9	10	11	12	13	14
15	16	17	18	19	20	21
22	23	24	25	26	27	28
29	30	31	1	2	3	4

víkend
آخر هفته

rok

سال

déšť
باران
duha
رنگین کمان
sníh
برف
vítr
باد
jaro
بهار
podzim
پاییز
léto
تابستان
zima
زمستان

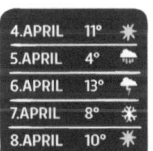

4.APRIL 11°
5.APRIL 4°
6.APRIL 13°
7.APRIL 8°
8.APRIL 10°

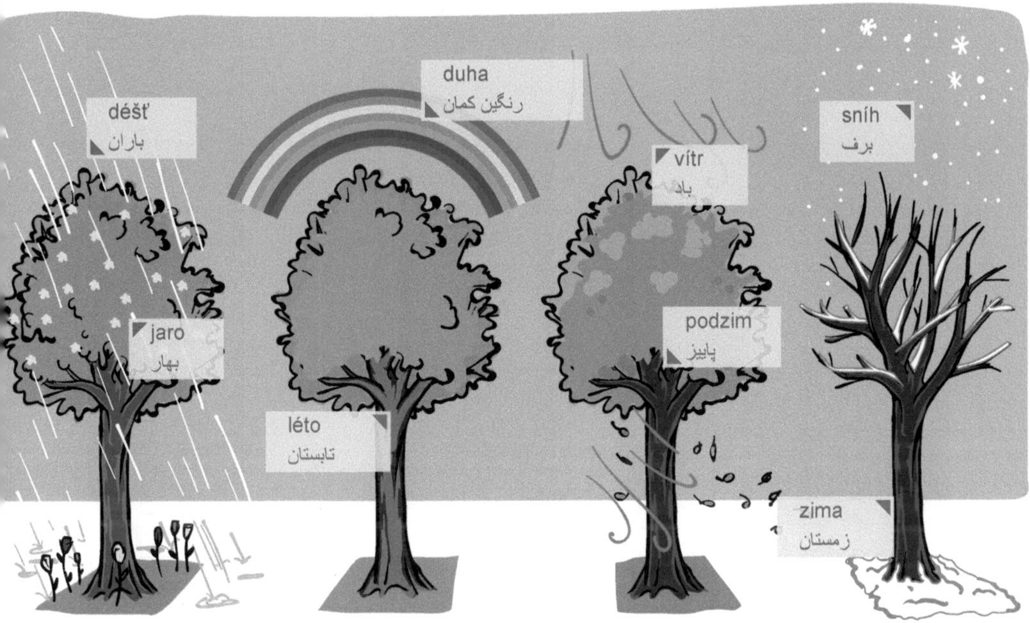

předpověď počasí

پیش‌بینی اوضاع جوی

F
C
120
90
60
30
0
-30
40
30
20
10
0
-10
-20

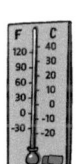

teploměr

دماسنج

sluneční svit

تابش آفتاب

mrak

ابر

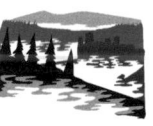

mlha

مِه

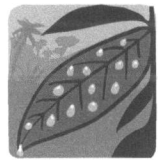

vlhkost

رطوبت هوا

blesk

صاعقه

hrom

آسمان غره

bouřka

طوفان

kroupy

تگرگ

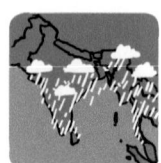

monzun

باد موسمی

povodeň

سیل

led

یخ

leden

ژانویه

únor

فوریه

březen

مارس

duben

آوریل

květen

مه

červen

ژوئن

červenec

ژوئیه

srpen

آگوست

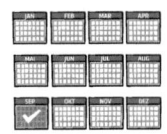

zář í
....
سپتامبر

říjen
....
اكتبر

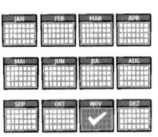

listopad
....
نوامبر

prosinec
....
دسامبر

tvary

أشكال

kruh
....
دايره

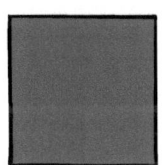

čtverec
....
مربع

obdélník
....
مستطيل

trojúhelník
....
سه گوش

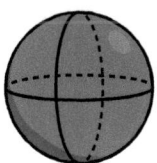

koule
....
گره

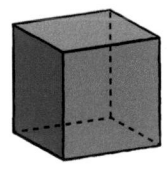

krychle
....
مكعب مربع

bílá

سفید

žlutá

زرد

oranžová

نارنجی

růžová

صورتی

červená

قرمز

fialová

بنفش

modrá

آبی

zelená

سبز

hnědá

قهوه ای

šedá

خاکستری

černá

سیاه

hodně / málo

خیلی / کم

rozzuřený / mírumilovný

خشمگین/ آرام

krásný / ošklivý

زیبا / زشت

začátek / konec

شروع / پایان

velký / malý

بزرگ / کوچک

světlý / tmavý

روشن / تیره

bratr / sestra

برادر / خواهر

čistý / špinavý

تمیز / آلوده

úplný / neúplný

کامل / ناقص

den / noc

روز / شب

mrtvý / živý

مرده / زنده

široký / úzký

پهن / باریک

jedlý / nejedlý

قابل خوردن / غیر قابل خوردن

zlý / hodný

غضبناک / مهربان

vzrušený / znuděný

هیجان زده / بی حوصله

tlustý / hubený

چاق / لاغر

nejdříve / naposledy

اولین / آخرین

přítel / nepřítel

دوست / دشمن

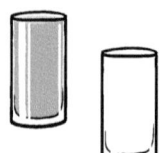

plný / prázdný

پر / خالی

tvrdý / měkký

سفت / نرم

těžký / lehký

سنگین / سبک

hlad / žízeň

گرسنگی / تشنگی

nemocný / zdravý

مریض / سالم

ilegální / legální

غیرقانونی / قانونی

inteligentní / hloupý

باهوش / خنگ

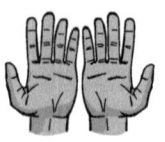

vlevo / vpravo

چپ / راست

blízko / daleko

نزدیک / دور

nový / použitý

نو / استفاده شده

nic / něco

هیچ چیز / چیزی

starý / mladý

پیر / جوان

zapnutý / vypnutý

روشن / خاموش

otevřeno / zavřeno

باز / بسته

tichý / hlasitý

آهسته / بلند

bohatý / chudý

ثروتمند / فقیر

správný / špatný

درست / غلط

drsný / hladký

زبر / صاف

smutný / šťastný

غمگین / خوشحال

krátký / dlouhý

کوتاه / بلند

pomalý / rychlý

کند / تند

vlhký / suchý

تر / خشک

teplý / chladný

گرم / خنک

válka / mír

جنگ / صلح

0

nula

صفر

1

jedna

یک

2

dva

دو

3

tři

سه

4

čtyři

چهار

5

pět

پنج

6

šest

شش

7

sedm

هفت

8

osm

هشت

9

devět

نه

10

deset

دَه

11

jedenáct

یازده

12

dvanáct

دوازده

13

třináct

سیزده

14

čtrnáct

چهارده

15

patnáct

پانزده

16

šestnáct

شانزده

17

sedmnáct

هفده

18

osmnáct

هجده

19

devatenáct

نوزده

20

dvacet

بیست

100

sto

صد

1.000

tisíc

هزار

1.000.000

milion

میلیون

angličtina

انگلیسی

americká angličtina

انگلیسی آمریکایی

standardní čínština

چینی ماندارین

hindština

هندی

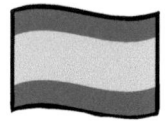

španělština

اسپانیایی

francouzština

فرانسوی

arabština

عربی

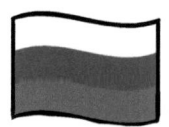

ruština

روسی

portugalština

پرتغالی

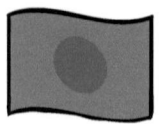

bengálština

بنگالی

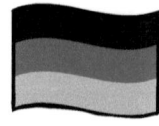

němčina

آلمانی

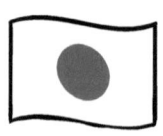

japonština

ژاپنی

já

من

ty

تو

on / ona / ono

او

my

ما

vy

شما

oni

آنها

Kdo?

چه کسی؟ کی؟

Co?

چی؟

Jak?

چگونه؟

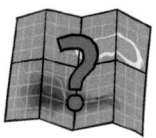

Kde?

کجا؟

Kdy?

کی؟

jméno

نام

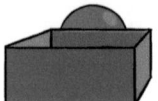

za

پشت

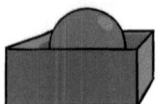

do

توی

z

جلو

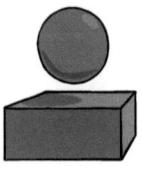

nad

بالای

na

روی

mezi

زیر

vedle

مجاور

mezi

بین

místo

مکان